Marcus Braybrooke

Die Kraft des Betens

Eine Gebrauchsanweisung zum Innehalten

gelesen von Axel Wostry

SPIRITUALITÄT/RELIGION

inbach
echende
cher

Mehr Dinge
wirkt das Gebet,
als diese Welt
sich träumen
lässt.

Alfred Lord Tennyson
(1809 – 1892)

Beten ist einfach

Immer mehr Menschen empfinden das Gebet als Möglichkeit, tiefer mit sich selbst, mit anderen Menschen und der Welt um sich herum in Kontakt zu kommen. Dieser Wegweiser wird Ihr Leben bereichern, gleichgültig, welcher spirituellen Tradition Sie angehören.

Eine Reise über 25 Stationen mit praktischen Übungen macht Sie mit den Möglichkeiten des Betens vertraut: Gebet als tägliche Übung oder als Reaktion auf besondere Situationen wie die Geburt einen Kindes oder die Krankheit eine Freundes, aber auch als Möglichkeit, mit der Erschütterung umzugehen, die uns häufig angesichts der neuesten Nachrichten überfällt.

Klar und verständlich gesprochen führt Sie dieses Hörbuch in die verschiedenen Aspekte des Betens ein und zeigt sowohl psychologische als auch spirituelle Dimensionen auf. Dabei unterstreicht es die Kraft des Gebets, denn letztlich sind es unsere Absichten, die unser Leben bestimmen. Jeder Abschnitt wird mit einer Sammlung beispielhafter Gebete abgerundet, die den verschiedensten Traditionen entstammen und Worte bedeutender spiritueller Lehrer enthalten wie Lao Tse, Franz von Assisi, Mohammed, Mahatma Gandhi und Teresa von Avila.

All jenen, die im Leben mehr sehen als nur die Jagd nach materiellem Wohlstand, zeigt *Kraft des Betens* den Weg zu wahrer persönlicher Stärke. Das Gebet schenkt die Möglichkeit, mit Krisensituationen ebenso fertig zu werden wie mit den Anforderungen des Alltagslebens. Es weist den Pfad zu Selbsterkenntnis, Fülle und Frieden.

Die Kraft des Betens richtet sich an all jene,

- die nie gebetet haben und daher nicht wissen, wie das überhaupt geht
- die mit Gebeten Erfahrungen sammeln konnten und nun neue Perspektiven suchen

Ein spiritueller Ratgeber für jeden Menschen – unabhängig von der Konfession

CD 1

CD 2

CD 3

Bildnachweis:

Seite 1 © William Wan | Seite 2 u. 3 © Sunnydays | Seite 7 © darknightsky
Seite 8 © Patrizia Tilly | Seite 10 © Bernd S. | Seite 11 © unpict
Seite 12 © Lev Dolgatshjov | Seite 13 © Martina Bock
Seite 14 © foto.fritz | Seite 15 © Herbert Kaltwasser
Seite 16 © globalthinking | Seite 17 © Pefkos | Seite 18 © Stéphane Hette
Seite 19 © Konstanze Gruber | Seite 20 © sonne Fleckl | Seite 20 © o_p
Seite 21 © Frédéric Bouvier | Seite 21 © zerophot.com
Seite 22 © Franco Errore | Seite 24 © marlies plank | Seite 25 © Anna Khomulo
Seite 26 © Tanja Bagusat | Seite 27 © Simon Ebel | Seite 28 © Barry Williams
Seite 29 © ESGatell | Seite 30 © Bernd S.

Niemand möchte
gerne ein Anfänger sein,
dabei stehen wir
unser ganzes
Leben immer nur
am Anfang.

Thomas Merton (1915 – 1968)

Eigenschaften des Göttlichen

Vater und Mutter

Gott ist unser Vater und unsere Mutter,
die mir gnädig waren.
Daher gehe ich friedvoll meiner Wege.

Nach einem Gebet der nordamerikanischen Cheyenne-Indianer

Unermessliche Klarheit

O flammender Berg, o auserwählte Sonne,
O vollkommener Mond, o Brunnen ohne Grund,
O Höhe ohne Ende, o Klarheit ohne Maß,
O Weisheit ohne Grenzen, o schrankenlose Gnade,
O unbesiegbare Kraft, o Krone aller Herrschaft,
die geringste unter Deinen Dienerinnen preiset Dich.

Mechthild von Magdeburg (1207-1294), deutsche Mystikerin

Wenn ich Dich preise

O mein Herr, . . . wenn ich Dich um Deiner selbst willen verherrliche,
Verberge Du nicht vor meinen Augen Deiner ewigen Schönheit Glanz.

Rabia von Basra (ca. 713-801), muslimischer Mystiker

Ich singe Dir ein Lied

O Herr des Universums, ich singe Dir ein Lied.
Wo finde ich Dich,
Und wo finde ich Dich nicht?
Wo ich gehe – dort bist Du.
Wo ich bleibe – auch dort bist Du.
Du, Du und immer nur Du.

Jüdisch-chassidisches Lied

Unser Herr erfüllet alle Herzen

Das Unermessliche ist innen wie außen.
Unser Herr erfüllet alle Herzen.
Er ist Erde, Himmel und Unterwelt zugleich.
Er erfüllet die ganze Welt.

Guru Arjun, 5. Guru der Sikh, 16. Jahrhundert

Segensgebete

Zwei gälische Segenssprüche

Dein sei der Friede der strömenden Welle.
Dein sei der Friede des wehenden Windes.
Dein sei der Friede der stillen Erde.
Dein sei der Friede der funkelnden Sterne.
Dein sei der Friede des Friedenssohnes.

Gebet der Iona-Gemeinde in Schottland

Möge die Straße dir entgegenkommen auf deinem Weg.
Möge der Wind immer in deinem Rücken wehen.
Möge die Sonne warm auf dein Gesicht scheinen.
Möge der Regen sanft auf deine Felder fallen.
Bis wir uns wiedersehen,
Möge Gott dich schützend halten in Seiner Hand.

Alter gälischer Segen

Gebet für alle Wesen

Mögen alle Wesen Frieden und Wohlergehen erfahren.
Mögen alle Wesen auf immer in Frieden leben.
Möge jedes Wesen,
ob stark, ob schwach,
ob groß, ob klein,
ob sichtbar oder unsichtbar,
ob nah, ob fern,
ob geboren oder die Geburt erwartend,
jederzeit mit Frieden gesegnet sein.

Nipata-Sutra (aus dem buddhistischen Pali-Kanon)

Jene, die auf den Herrn harren

Die Knaben werden müde und matt, und die Jünglinge fallen; aber die auf den Herrn harren, erhalten neue Kraft, dass sie auffahren mit Flügeln wie Adler, dass sie laufen und nicht matt werden, dass sie wandeln und werden nicht müde.

Jesaja 40,30-31

Bitte um Hilfe

Hilf mir!

Hilf mir, allzeit gerecht zu sein. Stärke mich, auf dass ich Deine Gerechtigkeit verkünde. . . und bei der Errichtung Deines Königreiches der Gerechten wertvolle Dienste zu leisten vermag.

Aus einem alten zoroastrischen Gebet

Gewähre uns die Gunst, Dich zu lieben

O Herr, gewähre uns die Gunst, Dich zu lieben; und all jene zu lieben, die Dich lieben; gewähre uns die Gunst, Dinge zu tun, die uns Deine Liebe gewinnen; mach, dass wir Dich mehr lieben als uns selbst, unsere Familien, unseren Reichtum, ja mehr als das kühle Wasser.

Dem Propheten Mohammed zugeschrieben

Sieg

O Gott, schenke mir den Sieg über mich selbst, denn mühsam ist es, sich selbst zu besiegen, und doch: Ist das Selbst erst besiegt, liegt uns alles zu Füßen!

Aus einer alten jainistischen Schrift

Gottes Antwort

Ich bat um Stärke, um Großes zu vollbringen.
Und erfuhr Schwäche, auf dass ich in Demut gehorche.
Ich bat um Gesundheit, um mehr zu schaffen.
Und wurde mit Krankheit geschlagen, damit das Geschaffene besser werden möge.
Ich bat um Reichtum, um glücklich zu sein.
Gott schenkte mir Armut, um mich weiser zu machen.
Ich bat um Macht und das Ansehen der Menschen.
Er machte mich gering, damit ich spürte, wie sehr ich Ihn brauchte.
Ich bat um alles, weil ich das Leben genießen wollte.
Doch Er gab mir das Leben, um alles genießen zu können.
Ich bekam nichts, worum ich bat – aber alles, was ich erhoffte.
Fast gegen meinen Willen wurden meine ungesprochenen Gebete erhört.
So wurde ich zum Reichsten aller Menschen.

Gebet eines Südstaaten-Soldaten aus dem amerikanischen Bürgerkrieg

Gewähre mir die Gabe des Alleinseins

Gewähre mir die Gabe des Alleinseins.
Möge es mir zur Gewohnheit werden, täglich zu wandeln
unter den Bäumen und Gräsern,
unter allem, was wächst,
und dort allein zu sein,
um ins Gebet einzutreten,
um mit dem Einen zu sprechen,
dem ich ganz gehöre.

Lao Tse (etwa 604 v. Chr.), chinesischer Weiser

Mach, dass ich Deine Gegenwart fühle

O Du,
der Du mir Augen verliehen hast,
um das Licht zu erblicken,
das mein Zimmer durchflutet.
Schenke mir den Blick nach innen,
mit dem ich Dich erkennen kann.
O Du, der mich
den Morgenwind auf meinen Gliedern spüren lässt,
mach, dass ich Deine Gegenwart fühle,
während ich mich in Anbetung vor Dir verneige.

Chandran Devanesen, zeitgenössischer indischer Christ

Sei Du das Steuer, das mich Kurs halten lässt

O Herr, sei Du das Boot, das mich über die Wasser des Lebens trägt. Sei Du das Steuer, das mich Kurs halten lässt, sei Du der Ausleger, der mich in Zeiten der Versuchung hält. Lass Deinen Geist mein Segel sein, das mich durch jeden Tag lenkt. Mach meinen Körper stark, so dass ich mein Ruder schwingen kann, damit es mich vorwärts trägt auf der Reise durchs Leben.

Neues Gebet von den Hebriden-Inseln

Gott ist die Reise und das Ziel

O Vater, gib mir Mut, auf dass ich aufsteige
zur Quelle allen Lichts und dort gereinigt werde.
Brich durch der Erde Nebel, durch den schweren Lehm,
Erglänze in all Deiner Pracht, Du, die Ruhe nach dem Sturm,
der stille Ort, gläubiger Seelen Rast.
Du trägst uns und gehst uns voran.
Du bist die Reise und das Ziel.

Boethius (ca. 480-524), römisch-christlicher Philosoph

Lenke mich ins Licht

Von der Unwirklichkeit in die Wirklichkeit führe mich.
Von der Dunkelheit ins Licht führe mich.
Vom Tod zur Unsterblichkeit führe mich.

Brihad-Aranyaka Upanishad (Hinduschrift, etwa 10.-5. Jh. v. Chr.)

In der Stille zum inneren Frieden

Ruhe für den Körper

Ich webe ein Netz der Stille auf meinen Lippen.
Ich webe ein Netz der Stille in meinem Geist.
Ich webe ein Netz der Stille in meinem Herzen.
Ich verschließe meine Ohren jeglicher Ablenkung.
Ich verschließe meine Augen jeglicher Anziehung.
Ich verschließe mein Herz der Versuchung.
Schenk mir Ruhe, o Herr, der Du dem Sturm befiehlst.
Schenk mir Stille, o Herr, bewahre mich vor Unheil.
Befriede den Aufruhr meines Herzens.
Und lass mich eingehen, o Herr, in Deinen Frieden.

David Adam, zeitgenössischer christlicher Schriftsteller

Gott in Deinem Herzen

Tritt ein in die Einsamkeit und Du entdeckst
Gott in Deinem eigenen Herzen.

Teresa von Avila (1515-1582),
spanische Nonne und Mystikerin

Warten auf Gott

In der Mitte meines Herzens habe ich Dir einen geheimen Thron bereitet. Die Kerzen meiner Freuden leuchten schwach in der Hoffnung auf Dein Kommen. Bei Deinem Erscheinen werden sie hell erstrahlen. Ob Du nun eintrittst oder nicht, ich werde auf Dich warten, bis meine Tränen alles Grobe und Schwere von mir abgewaschen haben. Dir zu Gefallen werden meine liebesduftenden Tränen Deine Füße in Schweigen tauchen. Der Altar meiner Seele bleibt leer. Bis Du bei mir bist, will ich nicht sprechen. Ich werde nichts von Dir erbitten. Ich weiß, dass Du die Reue meines Herzens erblickst, während ich Deiner harre. Du weißt, dass ich bete. Du weißt, dass ich nur Dich liebe. Doch ob Du nun eintrittst oder nicht, ich werde auf Dich warten, und sei es in alle Ewigkeit.

Paramahansa Yogananda (1893-1952),
indischer Yogameister

Für stille Herzen

O göttlicher Geist,
lass die Meute unserer drängenden Sorgen
zur Ruhe kommen in Herz und Geist.
Lass Deinen Frieden und Deine Ruhe
von uns Besitz ergreifen.
Verhilf uns zu Rast und Entspannung, damit
wir uns Dir öffnen können.
Du kennst unser innerstes Streben,
das unbewusste Leben in uns,
die nicht erfüllten Wünsche,
die ungelösten Spannungen und Probleme.
Reinige und kläre die Quellen unseres Seins,
so dass Freiheit, Leben und Liebe
sich im unbewussten und im bewussten Teil
unserer selbst ausbreiten können.
o Herr, wir liegen vor Dir wie ein offenes Buch.
Wir warten auf Deinen Frieden.
Heile uns mit Deinem Wort.

George Appleton (1902-1993), englischer Bischof

Friedensgebet

Führe mich vom Tod zum Leben,
von der Falschheit zur Wahrheit.
Führe mich aus der Verzweiflung zur Hoffnung,
aus der Furcht ins Vertrauen.
Führe mich vom Hass zur Liebe,
vom Krieg zum Frieden.
Lass Frieden unser Herz erfüllen,
unsere Welt, unseren Kosmos.

Satish Kumar, zeitgenössischer jainistischer Mönch

Der Friede wird euer sein

Der Friede wird euer sein,
weil ihr auf den Herrn vertraut.

Jesaja 26,3

Seid stille

Seid stille und erkennet, dass ich Gott bin.

Psalm 46,11

Erkenne den Höchsten und bleibe ihm treu

Gott ist dort, wo der Bauer den Pflug
durch die harte Erde drängt
und der Pflasterer Steine klopft.
Erkenne den Höchsten im Schweiße des Angesichts
und bleibe ihm treu.

Rabindranath Tagore (1861-1941),
indischer Philosoph

Mein Herz schlägt vor Freude

Mein Herz schlägt voller Freude
und füllt den weiten Raum unter den Bäumen
mit Gesang.
Es füllt den Wald, meine Heimat, meine Mutter,
mit seinem Gesang.
Ich habe einen kleinen Singvogel in meinem Netz
gefangen – einen winzigen Vogel.
Mein eigenes singendes Herz
Sitzt im Netz – zusammen mit dem kleinen Vogel.

Nach einem Schwangerschaftslied der Efe in Afrika

Haussegen

Mögen die Bewohner dieses Ortes
mit vielen Kindern gesegnet sein,
mögen sie Reichtum erlangen,
mögen sie ein offenes Herz für die Armen haben,
mögen sie niemals Krankheit und Leid erfahren,
mögen sie viele Jahre lang
sicher und glücklich sein.

Nach einem Gebet des Nyola-Stammes in Kenia

Eins mit dem Göttlichen

Schenke uns die Einsicht, dass wir eins sind,
wie Dirigent und Musiker ein Orchester sind
und wie Knochen, Muskeln, Sehnen und Blut
einen Körper formen. Schenke uns die Einsicht,
dass wir alle der Schöpfung dienen, dass Deine
Rhythmen die Musik unseres Lebens sind,
solange wir in Harmonie mit Dir sind –
jetzt und in alle Ewigkeit.

Giles Harcourt, zeitgenössischer christlicher Schriftsteller

Heilige Erde

Lehrt eure Kinder, was wir unsere gelehrt haben,
nämlich dass die Erde unser aller Mutter ist.
Was immer der Erde geschieht,
geschieht auch den Kindern der Erde.
Gott ist der Gott aller Völker. . .
Und was wären die Menschen ohne Tiere? . . .
Alles ist miteinander verbunden.
Wir wissen dies:
Die Erde gehört nicht den Menschen,
sondern die Menschen gehören der Erde.
Wir wissen dies:
Alle Dinge sind miteinander verbunden,
als verbände sie dasselbe Blut, das eine Familie eint.
Alles ist miteinander verbunden.

Rede des Häuptlings Sealth von den nordamerikanischen Suquamish-Indianern, ca. 1855

Du tust Deine Hand auf

Aller Augen warten auf Dich,
und Du gibst ihnen ihre Speise zu seiner Zeit.
Du tust Deine Hand auf und erfüllest alles,
was lebt, mit Wohlgefallen.

Psalm 145,15-16

Vier Gebete aus China

Beim Öffnen einer Tür:

Ich bitte Dich, Herr, die Tür meines Herzens zu öffnen, auf dass ich Dich empfangen möge.

Beim Waschen von Kleidern:

Ich bitte Dich, Herr, wasche mein Herz und mache mich weiß wie Schnee.

Beim Hausbau:

Ich bitte Dich, Herr, mach meinen Glauben so stark wie ein Haus auf Fels gebaut.

Beim Säen:

Ich bitte Dich, Herr, säe Du mir die Saat der Tugend ins Herz.

Gebete, die in den dreißiger Jahren für das »Christian Homes Movement« in China geschrieben wurden

Allumfassende Liebe

Liebe Gottes Schöpfung – auch das winzigste Ding. . .
Liebe jedes Blatt, jeden Lichtstrahl.
Liebe alle Tiere und Pflanzen, ja alles.
Wenn du alles liebst,
wirst du das Mysterium Gottes überall erfahren.
Und schließlich wirst du die ganze Welt lieben –
mit allumfassender Liebe.

Fjodor Dostojewski (1821-1881), russischer Dichter

Mitgefühl, Vergebung und Friede

Mit Augen der Gnade

O barmherziger Herr, blicke mit den Augen der Gnade
auf den langen Leidensweg der Menschen:
die Kriege, die zahllosen Hungernden,
den endlosen Strom der Flüchtlinge,
die Naturkatastrophen,
die grausamen und sinnlosen Tode,
die Unmenschlichkeit,
mit der wir unseren Mitmenschen begegnen,
die Hoffungslosigkeit und das Leid so vieler.
Lass das Zeitalter des Erlösers bald anbrechen,
in dem die Nationen in Frieden leben
und alle frei von Furcht und Gier sind,
in dem es weder Schmerz noch Tränen gibt,
weil wir in Deinem Willen geborgen sind,
in der Sicherheit Deiner Liebe.

George Appleton (1902-1993), englischer Bischof

Um meinetwillen

Und sollte es Unstimmigkeiten geben zwischen euch,
dann stellt euch vor, ich stünde vor euch.
Seht über die Unterschiede zwischen euch hinweg
um meinetwillen.

Baha Ullah (1817-1892), Begründer der Bahai-Religion

Ein Werkzeug des Friedens

O Herr, mache mich zum Werkzeug Deines Friedens.
Wo Hass herrscht, lass mich Liebe säen,
wo Kränkung ist, Vergebung.
Und wo der Zweifel waltet, Glaube.
Wo Verzweiflung ist,
lass mich die Samen der Hoffnung streuen,
Licht bringen statt Dunkelheit,
Freude statt Trauer.
O göttlicher Meister, möge ich
Trost weniger suchen denn spenden,
Verständnis weniger fordern denn geben,
Liebe weniger wünschen denn schenken.
Denn wo wir geben, wird uns gegeben,
wo wir verzeihen, wird uns verziehen,
und wo wir sterben, treten wir ein ins ewige Leben.

Dem heiligen Franz von Assisi zugeschrieben
(1181/1182-1226)

Vergebung

Vater, mach uns so barmherzig, wie Du es bist.
Vater der Vergebung, lass uns verzeihen,
so wie Du uns verziehen hast.
Im Wissen, dass das Maß, mit dem wir messen,
uns selbst zuteil werden wird.

Eric Milner-White (1884-1963), früherer Dekan von York

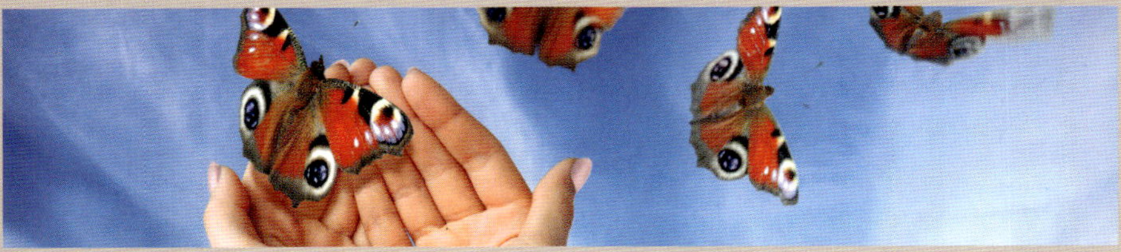

Mutter des Universums

O Mutter des Universums,
nicht im Geringsten erstaunt mich,
dass Du mich voller Mitgefühl betrachtest,
denn eine Mutter verlässt ihr Kind nicht,
wie zahlreich seine Fehler auch sein mögen.
Keinen Sünder gibt es auf dieser Welt wie mich,
keine Zerstörerin allen Übels wie Dich.
O Mahadevi (große Göttin), die Du um all dies weißt:
Mir geschehe nach Deinem Willen.

Sri Shankaracharya (686-718), indischer Philosoph

Großes Schiff des Mitgefühls

O vollkommener Meister, Dein Licht erleuchtet
gleichermaßen alle Dinge und Wesen,
wie das Mondlicht,
das sich in tausend Seen zugleich spiegelt.
Dein grenzenloses Mitgefühl lässt nicht ein Wesen aus.
Stetig und still segelt das große Schiff des Mitgefühls
über die See der Sorgen.

Aus dem buddhistischen Amidista-Traktat

Reue

Großvater, blicke auf unser Leid.
Wir wissen, dass innerhalb
der großen Familie der Schöpfung
nur der Mensch vom heiligen Weg abgewichen ist.
Wir wissen, dass wir es sind,
die sich losgesagt haben und
die zusammenkommen müssen,
um erneut gemeinsam den heiligen Weg zu gehen.
Großvater, Heiliger,
lehre uns Liebe, Mitgefühl und Ehre,
damit wir die Erde
ebenso zu heilen vermögen
wie uns selbst.

Gebet des Ojibwa-Volkes, Nordamerika

Universelle Liebe

So wie eine Mutter sogar um den Preis ihres eigenen Lebens ihr eines, einziges Kind nicht aus den Augen lassen würde, so lass uns über die Welt wachen mit grenzenlosem Eifer und ebensolchem Geist.

Nipata-Sutra (aus dem buddhistischen Pali-Kanon)

Visionäre Worte und Taten

Mitten im Tod wohnt das Leben

Während alles um mich herum stirbt und sich wandelt, liegt unter all dem Wandel eine lebende Kraft, die unveränderlich ist. Sie bewahrt alles, schafft alles, zerstört und schafft von neuem. Diese alles durchdringende Kraft, dieser Geist ist Gott... Mitten im Tod wohnt das Leben, mitten in der Unwahrheit die Wahrheit, mitten in der Dunkelheit das Licht. Daraus schließe ich, dass Gott das Leben, die Wahrheit, das Licht und die Liebe ist. Gott ist das allerhöchste Gute. . . Ich weiß, dass ich nichts vermag. Gott aber vermag alles. Daher bitte ich Dich, O Gott, mach mich zu Deinem tauglichen Werkzeug und nutze mich nach Deinem Willen.

Mahatma Gandhi (1869-1948), Weiser und Führer der indischen nationalen Befreiungsbewegung

Liebe ist die einzige Brücke

Unser Vater, hilf uns, die Lichtjahre der Entfernung zu verstehen, die zwischen uns und den anderen Planeten liegen. Lass uns begreifen, dass die Entfernung zwischen den Rassen manchmal noch größer ist. Lass uns zuteil werden das alte Wissen, dass Liebe die einzige Brücke ist zwischen Völkern, Nationen und Planeten.

Gebet aus Hawaii

Zwei Gebete liebenden Dienens

Ich suchte meinen Gott,
und fand ihn nicht.
Ich suchte meine Seele,
doch sie entzog sich mir.
Ich suchte meinen Bruder,
und siehe: Ich entdeckte alle drei.

Anonym

Liebe findet Ihn und vermag Ihn zu halten. Nicht so der Gedanke.

Julian von Norwich (ca. 1342-1413), englischer Mystiker

Das heilige Band

In einer Vision sah ich die Form aller Dinge, wie sie im Geist erscheint, und ich sah die Form aller Formen zusammenfließen zu einem Wesen. Und ich sah, dass das heilige Band meines Volkes aus vielen Bändern bestand, die einen Kreis ergaben, weit reichend wie das Licht der Sonne und das Licht der Sterne. In seiner Mitte sah ich einen Baum wachsen, einen Baum voller Blüten, der allen Kindern einer Mutter und eines Vaters eine Heimat gab. Und ich sah, dass es gut war.

Black Elk, spiritueller Führer der Ureinwohner Nordamerikas

Friede auf Erden

Lass eine Zeit kommen, o Gott, da Frieden sein wird auf Erden, da alle Menschen Brüder sind, frei von Furcht und Krieg, frei zu sagen und zu denken, was das Gewissen ihnen befiehlt, eine Zeit, da ihre Richter die Menschheit schützen und heilen, da alle Menschen in einer Welt leben, die Deinem Reich nahe ist.

George Appleton (1902-1993), englischer Bischof

Universeller Friede

Möge Friede herrschen in den höheren Reichen;
möge Friede herrschen am Firmament;
möge Friede herrschen auf Erden.
Mögen die Wasser friedvoll fließen;
mögen Gräser und Blumen friedvoll wachsen;
mögen alle Kräfte des Lebendigen uns Frieden bringen.
Der höchste Herr ist Friede.
Mögen wir alle in Frieden leben,
in Frieden und nur in Frieden.
Möge der Friede in jedem von uns einkehren.
Shanti, shanti, shanti.

Anmerkung: »Shanti«, ein uraltes Sanskritwort, könnte man mit »Friede« übersetzen. Gemeint ist damit der »Friede, der über alles Verstehen hinausgeht«.

Aus den Veden (heilige Bücher der Hindus)

Litanei für den Frieden

Lasst uns jetzt, da wir zusammen sind,
für den Frieden beten.
Lasst uns ehrlich zueinander sein.
Lasst uns Frieden schließen mit uns selbst,
unserem Körper, unserem Verstand,
unseren Gefühlen, unserer Seele.
Lasst uns zu uns selbst zurückkehren
und ganz wir selbst werden.
Lasst uns das Bewusstsein der Quelle allen Lebens pflegen,
die alle lebenden Wesen nährt.
Lasst uns den Geist des großen Mitgefühls erwecken,
auf dass wir unsere Herzen dem Mitgefühl öffnen –
für uns und alle lebenden Wesen.
Lasset uns beten: Mögen alle lebenden Wesen begreifen,
dass sie Brüder und Schwestern sind und aus derselben
Quelle des Lebens gespeist werden.
Lasset uns beten: Mögen wir aufhören,
für andere eine Quelle des Leids zu sein.
Lasst uns gemeinsam geloben,
so zu leben, dass wir anderen Wesen weder Luft noch
Wasser, weder Nahrung noch Obdach noch die
Möglichkeit zu leben nehmen.
Voller Demut, im Bewusstsein der Einzigartigkeit des
Lebens und voller Mitgefühl für das Leiden um uns
herum lasset uns beten: Möge der Friede sich ausbreiten
in unserem Herzen. Möge er die ganze Erde in Besitz
nehmen.

Nach einer buddhistischen Meditation

SPIRITUELLE WEGE

Immer mehr Menschen suchen nach einer tieferen sinnvollen Ausrichtung für ihr Leben. Es wird achtsam, kommunikativ und emotional nach einer Lebensqualität gesucht, die inneres Wachstum ermöglicht.

Mit dieser Hörbuchedition möchten wir Sie darin unterstützen. Ein wesentliches Auswahlkriterium für die Inhalte dieser Hörbuchedition ist ihre praktische Anwendbarkeit und die heilsame und inspirierende Wirkung im Alltag.

Manfred Lütz
GOTT
Autorisierte Hörfassung Autorenlesung
5 CD, € 19,99*/sFr 37,40*
ISBN 978-3-88698-377-3

So weise, humorvoll, rasant und doch respektvoll ist selten über den Herrn aller Dinge geschrieben worden.

Alexa Kriele
Die Engel geben Antwort
Autorisierte Hörfassung mit Musik von J. S. Bach
Gelesen von der Autorin
2 CD, € 17,99*/sFr 34,00*
ISBN 978-3-88698-943-0

„Eine tief berührende Lektüre."
Literaturreport

Marshall B. Rosenberg
Gewaltfreie Kommunikation
Autorisierte Hörfassung
G. v. Ulrike Hübschmann, Thomas Hollaender u.a.
4 CD, € 24,99*/sFr 46,00*
ISBN 978-3-88698-382-7

„Die Prinzipien und Techniken in diesem Buch können die Welt verändern."
Jack Canfield

Thich Nhat Hanh
Ich pflanze ein Lächeln
Ungekürzte Lesung
Gelesen von Axel Wostry
3 CD, € 19,99*/sFr 37,40*
ISBN 978-3-88698-351-3

Die starke und vollständige Botschaft eines großen Bodhisattva.

Dr. med. W. Bittscheidt
Geistiges Heilen
Autorisierte Hörfassung
G. v. Gerd Andresen und Daniela Mohr
3 CD, € 19,99*/sFr 37,40*
ISBN 978-3-88698-612-5

„Das Hörbuch gibt Antworten und zeigt, welche unterschiedlichen Formen energetischer Heilkunst es gibt." **News Age**

Anselm Grün
Bleib deinen Träumen auf der Spur
Autorisierte Hörfassung
G. v. Edgar M. Böhlke, Ursula Illert
1 CD, € 14,99*/sFr 20,80*
ISBN 978-3-88698-757-3

„Millionen Menschen gibt er Hoffnung und Halt." **ARD, Das Erste online**

Kay Lindahl
Mit dem Herzen hören
Ungekürzte Lesung
G. v. Ursula Illert, Jochen Nix
2 CD, € 17,99*/sFr 34,00*
ISBN 978-3-88698-763-4

„Ein wertvolles Buch, das man getrost sich selbst und anderen schenken darf."
Unser Auftrag

Paul Ferrini
Die zwölf Schritte der Vergebung
Ungekürzte Lesungen
Gelesen von Axel Wostry
2 CD, € 17,99*/sFr 34,00*
ISBN 978-3-88698-617-0

„Paul Ferrini ist ein neuer Khalil Gibran."
Larry Dossey

In unserem weiteren Programm finden Sie alle Titel dieser Edition sowie eine große Auswahl von Hörbüchern aus moderner Belletristik, Spannungsliteratur und Klassischer Literatur.

Unter www.sprechendebucher.de gibt es von allen Titeln eine Hörprobe. Hier können Sie auch mehr über Inhalte, Autoren und unsere Sprecher erfahren und direkt online bestellen.